AMÉRICA DEL SUR

Alexis Roumanis

El enriquecido libro electrónico AV² te ofrece una experiencia bilingüe completa entre el inglés y el español para aprender el vocabulario de los dos idiomas.

This AV² media enhanced book gives you a fully bilingual experience between English and Spanish to learn the vocabulary of both languages.

Visita nuestro sitio **www.av2books.com** e ingresa el código único del libro. Go to www.av2books.com, and enter this book's unique code.

CÓDIGO DEL LIBRO
BOOK CODE

N347755

AV² de Weigl te ofrece enriquecidos libros electrónicos que favorecen el aprendizaje activo. AV² by Weigl brings you media enhanced books that support active learning.

Spanish

English

Navegación bilingüe AV²
AV² Bilingual Navigation

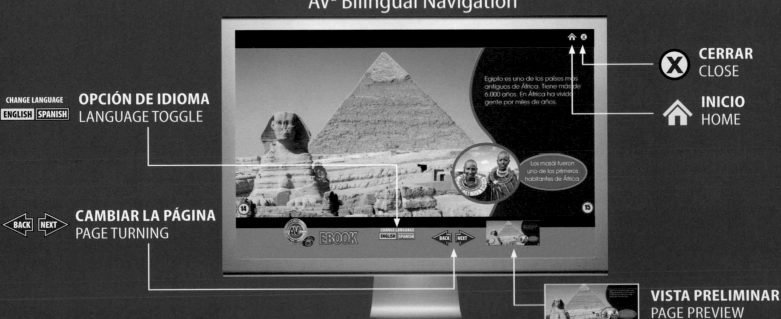

CHANGE LANGUAGE
ENGLISH SPANISH

OPCIÓN DE IDIOMA
LANGUAGE TOGGLE

CAMBIAR LA PÁGINA
PAGE TURNING

CERRAR
CLOSE

INICIO
HOME

VISTA PRELIMINAR
PAGE PREVIEW

AMÉRICA DEL SUR

ÍNDICE

**Bienvenidos a América del Sur.
Es el cuarto continente más grande.**

Esta es la forma de América del Sur. América del Norte está al norte de América del Sur. La Antártida está al sur.

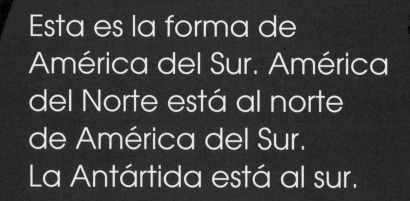

¿Dónde está América del Sur?

Océano Ártico

Océano Ártico

América del Norte

Europa

Asia

Océano Pacífico

Océano Atlántico

África

Océano Pacífico

AMÉRICA DEL SUR

Océano Índico

N

O   E

S

Australia

Antártida

Hay dos océanos que bañan la costa de América del Sur.

América del Sur está formada por muchos tipos de terrenos diferentes. En América del Sur hay desiertos, montañas, llanuras y selvas tropicales.

El desierto de la Patagonia es el más grande de América del Sur.

La selva del Amazonas es la selva tropical más grande del mundo.

El lago Maracaibo es el más grande de América del Sur.

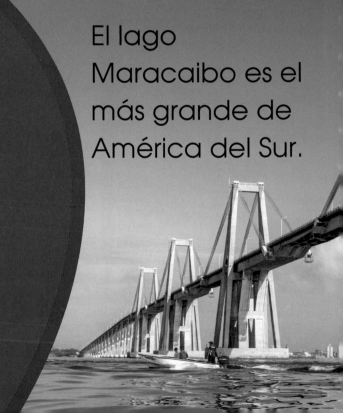

El monte Aconcagua es la montaña
más alta de América del Sur.

El río Amazonas es el más largo
de América del Sur.

El perezoso de tres dedos se mueve mucho más lento que cualquier otro animal.

Los jaguares son los felinos más grandes de América del Sur.

El tapir es el animal terrestre más grande de América del Sur.

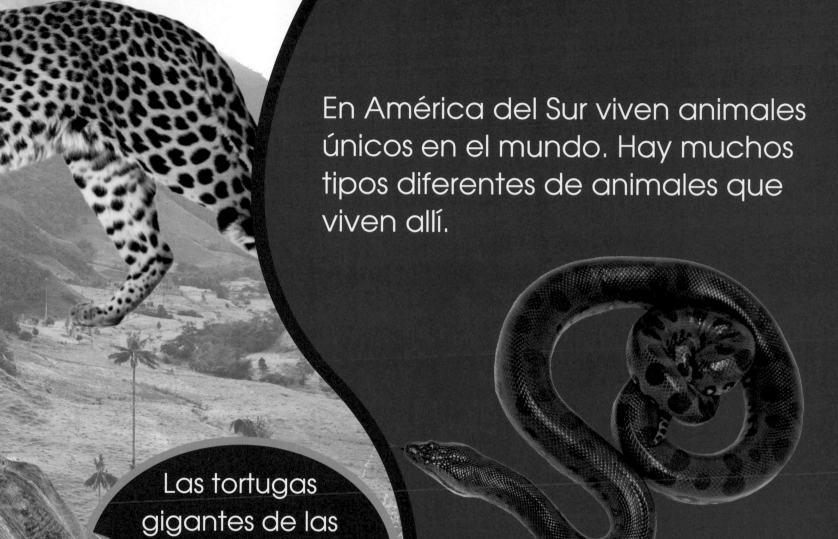

En América del Sur viven animales únicos en el mundo. Hay muchos tipos diferentes de animales que viven allí.

Las tortugas gigantes de las Islas Galápagos pueden vivir más de 100 años.

La anaconda verde puede llegar a medir hasta 30 pies (9 metros) de largo.

En América del Sur hay muchos tipos diferentes de plantas.

La papa es originaria de la Cordillera de los Andes.

La planta de tomate se cultivó por primera vez en América del Sur.

La planta de ananá se descubrió por primera vez en América del Sur.

El chocolate se hace
con las semillas del
árbol de cacao.

En América del Sur se
cultiva la mayoría de los
granos de café del mundo.

Venezuela es uno de los países más antiguos de América del Sur. Tiene más de 200 años. En América del Sur ha vivido gente por miles de años.

Los incas fueron uno de los primeros habitantes de América del Sur.

En América del Sur viven muchos tipos de personas. Cada grupo de personas es especial a su modo.

Los Incas usan colores brillantes durante la Fiesta del Sol.

La gente usa máscaras en el carnaval de Brasil.

17

En América del Sur viven más de 410 millones de personas. El país más grande de América del Sur es Brasil.

La ciudad con mayor cantidad de habitantes en América del Sur es San Pablo, en Brasil.

Hay muchas cosas que solo se pueden encontrar en América del Sur. Llega gente de todas partes del mundo a visitar este continente.

El Salto Ángel, en Venezuela, es la catarata más alta del mundo.

Machu Picchu, en Perú, tiene más de 500 años.

El Parque Nacional Los Glaciares de Argentina tiene el campo de hielo más grande, sin contar la Antártida.

La estatua del Cristo Redentor de Río de Janeiro mide 98 pies (30 m) de alto.

Las Líneas de Nazca, en Perú, se ven mejor desde un avión.

21

Cuestionario sobre América del Sur

Descubre cuánto has aprendido sobre el continente de América del Sur.

¿Qué te dicen estas imágenes sobre América del Sur?

23

¡Visita www.av2books.com para disfrutar de tu libro interactivo de inglés y español!

Check out www.av2books.com for your interactive English and Spanish ebook!

1 **Entra en www.av2books.com**
Go to www.av2books.com

2 **Ingresa tu código**
Enter book code

N347755

3 **¡Alimenta tu imaginación en línea!**
Fuel your imagination online!

www.av2books.com

Published by AV² by Weigl
350 5th Avenue, 59th Floor New York, NY 10118
Website: www.av2books.com

Library of Congress Control Number: 2015953882

ISBN 978-1-4896-4302-5 (hardcover)
ISBN 978-1-4896-4303-2 (single-user eBook)
ISBN 978-1-4896-4304-9 (multi-user eBook)

Printed in the United States of America in Brainerd, Minnesota
1 2 3 4 5 6 7 8 9 0 19 18 17 16 15

112015
101515

Project Coordinator: Jared Siemens
Spanish Editor: Translation Cloud LLC
Designer: Mandy Christiansen

Every reasonable effort has been made to trace ownership and to obtain permission to reprint copyright material. The publisher would be pleased to have any errors or omissions brought to its attention so that they may be corrected in subsequent printings.

The publisher acknowledges iStock and Getty Images as the primary image suppliers for this title.